AF498264

LA
PÊCHE A LA LIGNE

Yth.
93200

DU MÊME AUTEUR

La Calvitie, monologue en prose. . . . . . . 1 fr.

E. GROSCLAUDE

LA
Pêche à la Ligne

MONOLOGUE EN PROSE

DIT PAR

COQUELIN CADET

De la Comédie-Française

Deuxième Édition

PARIS

PAUL OLLENDORFF, EDITEUR

28 bis, Rue de Richelieu, 28 bis

1888

Tous droits réservés

La Pêche à la Ligne

On ne sait pas pêcher à la ligne. Vous voyez des milliers d'imbéciles le long des berges et jamais un poisson. — Pourquoi? Parce que personne ne s'est donné la peine d'étudier sérieusement la question. C'est une lacune. Tentons de la combler.

Une longue et consciencieuse observation des choses de la nature nous permet d'affirmer que le poisson... se tient habituellement dans l'eau. Cette coutume semble remonter à la plus haute antiquité et c'est à la combattre que le pêcheur consacre toute son intelligence.

Dans ce but il emploie une canne au bout de laquelle pend généralement un fil terminé par un crochet qu'on appelle hameçon. Les grammairiens discutent pour savoir si l'h de ce hameçon doit être aspirée. Nous sommes d'avis qu'il doit l'être au moins par les poissons.

Le hameçon sert ordinairement d'asile à un ver — ce qui fait dire que l'asticot vit au crochet du pêcheur à la ligne. Ce qui paraît certain c'est que le poisson aime les vers ; à peine en a-t-il trouvé un qu'il se met à chercher la rime.

Feu Orphée captivait de la sorte, avec de simples vers, mis en musique, les animaux les plus considérables. Cet usage est complètement abandonné pour ce qui concerne les lions et autres bêtes féroces, il a même beaucoup perdu de son efficacité sur le poisson. Cela tient à ce que celui-ci devient chaque jour plus malin, tandis que le pêcheur reste toujours aussi bête.

Cependant les statistiques tendent à établir que le poisson meurt jeune et finit généralement ses jours dans une poêle à frire. Il est permis d'attribuer cet état de choses au suicide Quand un goujon est las de l'existence il se passe un asticot au travers du corps ; — c'est parmi ces désespérés que se recrutent la plupart de nos fritures.

On cite néanmoins comme cas de longévité les carpes de Fontainebleau qui sont plusieurs fois centenaires. Pour honorer leur vieillesse on leur a passé des anneaux dans le nez ; c'est ainsi que les poissons, auxquels l'usage des statues est étranger, célèbrent leurs illustrations nationales. Il est honteux de penser que nous n'en avons jamais fait autant pour Chevreul ni pour de Lesseps !

Quelques naturalistes, parmi lesquels Buffon, ont remarqué que le poisson est muet, Ce silence est l'objet d'une foule de commentaires. Pour l'expliquer il convient d'observer que le plongeon est peu favorable à l'exercice de la parole et que les causeurs les plus brillants s'abstiennent de prendre part à la conversation lorsqu'ils ont la tête sous l'eau.

Passons maintenant à la pratique.

Chaque espèce de poisson exige des soins particuliers.

Ainsi l'*Ablette* ne se pêche pas de la même façon que le requin : l'Ablette mord au ver de vase et le requin à la cuisse d'homme. Munissez-vous en conséquence.

La pêche au *Gardon* est des plus simples. Vous jetez votre ligne en disant :

« *Gardon*, s'il-vous-plait ! » Il tire. Et vous n'avez plus qu'à le diriger avec précaution vers une poële à frire.

L'anguille se plaît dans les vases pourvu qu'il n'y ait point un œil au fond.

La *Truite* exige des ménagements... ne faites pas *aux truites* ce que vous ne voudriez pas qu'on vous fît.

Pour le *Goujon* servez-vous d'un de ces vieux roquefort avancés dont parlait le renard de la fable : « Il a trop de vers, dit-il, c'est bon pour les goujons. »

La *lamproie* est un poisson délicat, tandis que *l'Ombre-Chevalier...* d'industrie, est noté pour son indélicatesse.

Ne faites donc jamais la faute de lâcher la *lamproie* pour *l'ombre*.

Les *Brêmes* ont le tort de se maquiller ; les *Carpes* transparentes sont d'une rare inconvenance ; le *Juène* ou *Meunier* est sujet à des somnolences dans les remous, ce qui a donné hier au refrain populaire.

Meunier tu dors
Tra la la la la laire *(bis)*

La *Sardine* reste dans l'huile, le *Hareng* sort.

Le *Mulet* est connu pour son obstination. La *Perche* réussit assez bien les imitations de Sarah Bernhardt.

Quant au *Barbillon* c'est un chaud partisan du brave général Boulanger auquel il attribue l'autorisation de porter sa barbe.

MONOLOGUES

AFFAIRES (les), monologue, par Jean Mézin, dit par
Coquelin cadet, de la C omédie-rançaise...... 1 »

AMATEUR (l') DE PEINTURE, monologue, par Phil. Gille,
dit par Coquelin cadet, de la Comédie-Française,
illustrations de Loir Luigi, in-18 .... 1 »

AMOUREUX (les), fantaisie en vers, par Ch. Clairville,
dite par Coquelin aîné, de la Comédie-Française
(illustrations de Cabriol), in-18 .... 1 »

APRÈS LE MARIAGE, monologue, par Paul Manivet, dit
par Mlle Marsy, de la Comédie-Franç., in-8... 1 »

ASSURÉ (l'), monologue en vers, par Marcel Belloc, dit
par F. Galipaux, du Pal.-Roy., in-18, 2e éd. 1 »

AU JARDIN DES PLANTES, poésie, par Paul Lheureux,
dite par Galipaux, du théâtre du Palais-Royal (couverture illustrée par H. Gray)................ 1 »

AUTOUR D'UN CHPEAU, saynète, par Jules Legoux, jouée
par Mlle S. Reichenberg, de la Com.-Fr., in-18 1 »

AUX ANTIPODES, monologue, provenço-comique., par
Georges Feydeau, dit par Mme Judic, des Variétés,
(couvert. illustrée par Lorin), 1 v. in-18, 2e éd. 1 »

BAIN (le), monologue, par Charles Samson, dit par
F. Galipaux, du th. du Pal.-Roy., in-18, 2e éd. 1 »

BILLET DE MILLE (le), monologue en vers, par Georges
Feydeau, dit par Saint-Germain, du Gymnase. 1 »

BIJOU PERDU (le), monol. en pr., par Louis Bridier et
Edouard Philippe.................... . 1 »

BON DIEU (le) mon. en vers, par E. Grenet-Dancourt,
dit par Coquelin aîné, de la Com.-Franc., 2e éd. 1 »

BOUDINÉ (le), par V. Revel, thèse en vers, soutenue par
Georges Noblet, du théâtre du Gymnase (couverture
illustrée par Jan Van Beers) .... 1 »

BOUTON (le), mon., par Hixe, dit par Des Roseaux 1 »

BRETELLES (les), monologue en vers, par V. Revel, dit
par Coquelin cadet, de la Comédie-Française. 1 »

CÉLÈBRES (les), monologue comique, par Georges
Feydeau, dit par Coquelin cadet, de la Comédie-
Française, in-18................ 1 »

C'EST LA FAUTE UA SILLERY, monol. en vers (avec illustrations de E. Klips), par A. Desmoulin, dit par
Berthelier, in-18 .... 1 50

CHASSE (la), mon. comique, par E. Grenet-Dancourt,
dit par Coquelin ainé, de la C.-Fr., 5ᶜ éd., in-18   1   »

CHEVAL (le), mon., par Pirouette, dit par Coquelin cadet,
de la C.-Fr. (illustr. par Sapeck), in-18, 3ᵃ éd.   1   »

CHIRURGIEN (le) DU ROI S'AMUSE, mon., par Arnold
Mortier, dit par Coquelin cadet, de la Comédie-Franç.
dessins de Sapeck......................... 1   »

CINQ ANS APRÈS, sayn. en pr., par Jules Legoux, jouée
par Mme Damain, du Vaudeville, in-18, 2ᶜ éd.   1   »

LE COLIS, mon. en vers, par Georges Feydeau, dit par
Saint-Germain, du Gymnase, in-18............   1   »

CONFESSION (la), duo mimique par un seul personnage,
par Paul du Crotoy et Félix Galipaux, dit par Félix
Galipaux, du th. du Palais-Royal, in-18, 2ᶜ éd.   1   »

COQ A L'ANE, monologue en vers, par Marcel Belloc,
dit par Coquelin cadet, de la Com.-Franç...   1   »

COSTUME DE PIERROT (le), histoire vraie, monologue
dramatique en vers par Alphonse Scheler, dit par
Mᵐᵉ Sarah Bernhardt, in-18   1   »

DE LA PRUDENCE, monologue en prose, par A. Guillon
et A. des R., dite par Mlle J. Thénard, de la Comédie-Française   1   »

DÉPUTÉ (le), monologue, par E. MORAND, dit par Coquelin cadet, de la Comédie-Française.   1   »

DINER (le). monologue, par Jean Mézin, dit par Coquelin
cadet, de la Comédie-Française   1   »

ELECTION (l'), monologue en vers, par Julien Berr de
Turique, dit par Coquelin cadet, de la Comédie-
Française.   1   »

EMPLOYÉ (l'), monologue en prose, par Edouard Noel,
dit par Coquelin cadet, de la Com-Fr. in-18.   1 50

EN EXPRESS, monologue en vers, par Arthur Lhereau,
dit par Coquelin ainé......................   1   »

EN FAMILLE. monologue en prose, (avec illustrations
de A. Sapeck), par G. MOYNET, dit par Coquelin
cadet, de la Comédie-Française, in-18........   1 50

ESCAPADE (l') scène par André Thomas, dite par
Mlle Blanche Frémeaux, de la Com.-Fr. in-18   1   »

EXAMEN DE CONSCIENCE (l'), monologue en vers, par
A. Mélandri, dit par Mlle Reichenberg, de la Comédie-Française, in-18   1   »

FLIRTATION, monologue, par Eugène Adenis, dit par
Coquelin ainé, sociétaire de la Com.-Fr., in-18   1

Fous (les), poésie comique, par Charles Samson, dite
par Coquelin aîné, sociét. de la Com.-Fr., in-18 1 »

Garçon d'honneur, odyssée en vers, par Paul Roux.
racontée par Homerville (dess. de E. Ricaud).. 1 50

Gens (les), fantaisie rimée, par Georges Lorin, dite
par Félix Galipaux, du théâtre du Palais-Royal,
(illustrée par Cabriol, sur papier teinté)...... 1 50

Godart, monologue en prose de . Moynet, dit par
Coquelin cadet, de la Comédie-Française..... 1 »

Halle aux Baisers (la), monologue en vers, par
A. Mélandri, dit par Mlle Reichenberg, de la Comédie-Française (dessin de Willette).............. 1 »

Homme maigre (l'), monologue, par Robert de Lille, dit
par un *Homme gras*...................... 1 »

Homme mort (l'), monologue posthune de Sapeck, ex-
humé par Coquelin cadet, de la Comédie Française,
premier fossoyeur d'Hamlet (*King of Dane-
marck)*............................... 1 »

omme propre (l'), monologue en prose, par Ch. Cros.
Hdit par Coquelin cadet, de la Comédie-Française
(illustration de Cabriol)...................... 1 »

Homme qui baille (l'), monologue comique, par Grenet-
Dancourt, dit par Coquelin cadet, de la Comédie-
Française, 2e édition...................... 1 »

Homme qui ne peut pas Siffler (l'), conte en vers, par
Eugène Adenis, dit par Coquelin aîné, de la Comédie-Française, in-18...................... 1 »

Je ne veux plus Aimer, monologue, par Julien Berr de
Turique, dit par Georges Guillemot, du théâtre du
Gymnase, in-18 .... 1 »

Je vous Aime ! monologue en vers, par Alph. de Launay, dit par Mlle Lincelle, du th. du Vaudev. 1 »

Idylle parisienne, monologue en vers, par Georges
Gillet, dit par Deroy, du th. de la Gaîté, in-18. 1 »

Lamento du Coquillage (le), insanité rimée, par A. Mélandri, dite par Coquelin cadet, de la Comédie-
Française (illustr. de Moloch), in-18.......... 1 »

L'eau, conférence claire, par Jean Mézin, faite à la
salle des conférences par le conférencier Coquelin
cadet de la Comédie-Française. — Illustrations par
Jean Marie....................... 1 »

Lettre d'Amour, saynète en prose, par Jules Legoux,
jouée par Mme Jeanne Marni, du théâtre du Gymnase, in-18....................... 1 »

LETTRE DE TOTO (la), monologue en vers, par Henri
Meilhac, dit par Mme Céline Chaumont, du théâtre
des Variétés, et par MlleGabrielle Réjane, du théâtre
du Vaudeville. — Illustrations par B. Borione. 1 »

LETTRE ROSE (la), monologue, par Alphonse De Launay,
dit par Mme Marguerite Conti, du théâtre de la Re-
naissance, in-18............................. 1 »

LUNETTES DE MA GRAND'MÈRE (les), monologue en vers,
par H. Montapon, dit par Mlle Reichenberg, de la
Comédie-Française, in-18................... 1 »

MADAME LA COLONELLE, monologue en prose, par Bridier et Edouard Philippe, dit par Mme Suzanne
Lagier, du théâtre de la Porte-Saint-Martin, 3° édit.,
in-18 .... 1 »

MAMAN ! naïveté en vers, par Paul Roux, dite par
Mlle Hamann, du théâtre de l'Opéra, in-18... 1 »

MICROBES (les), monologue, par Maurice Millot,
in-18 .... 1 »

MINET, monologue en v., par F. Bessier, dit par
E. Bonheur. in-18 .... 1 »

MOINE (le), monologue, par Jean Nicolaï, dit par Mme
Anna Judic, du th. des Variétés, 2° éd., in-18. 1 »

MON DUEL, scène-monologue, par Paul Nas, avec de
nombreuses illustrations dans le texte, in-18.. 1 »

MONOLOGUE (le), monologue en prose, par E. Bour-
relier, dit par De Féraudy, de la Comédie-Française
in-18 .... 1 »

MONOLOGUES-COMIQUES ET DRAMATIQUES, par E. Grenet-
Dancourt, 4° édit., 1 vol. gr. in-18........... 3 50

MONOLOGUES ET RÉCITS, par Emile Boucher et Félix
Galipaux, 1 vol. in-18......................... 2 »

MON PARAPLUIE, monologue en vers, par Elie Frébault,
dit par Félix Galipaux, du Palais-Royal. In-18 1 »

MONSIEUR MON PARRAIN, saynète, par J. Legoux, jouée
par Mlle Durand, de la Comédie-Franç. In-18. . 1 »

MOUCHE (la), monologue en vers, par E. Guiard, dit par
Coquelin aîné, de la Comédie-Française. 23° édition,
in-8... 1 »

MOUCHOIR (le), monologue en vers, par G. Feydeau, dit
par Félix Galipaux. In-18. .... 1 »

MOYEN DE RESTER FILLE (le), fantaisie en vers, par V. Revel,
dite par Mlle G. Réjane, du Théât. des Variétés

Imp. A. Warmont, Palais-Royal.

AIRIE PAUL OLLENDORFF

28 *bis*, Rue de Richelieu, PARIS

L'Art de dire le Monologue, par Coquelin aîné et Coquelin cadet, de la Com.-Fr., 1 v. gr. in-18 — 3 50

La Prononciation Française et la **Diction**, à l'usage des écoles, des gens du monde et des étrangers, par Alfred Cauvet, 1 vol. in-18. . — 2 50

Principes de Diction, par H. Dupont-Vernon, de la Comédie-Française, 1 vol. in-18. . . . — 2 »

La Diction et l'Éloquence, par Alphonse Scheler, 1 vol. in-18 . . . . — 1 »

Disons des Monologues, par Paul Lheureux, 1 vol. in-18. . . . . — 3 5c

Monologues Comiques et Dramatiques, par E. Grenet-Dancourt, 1 vol. in-18 . . . . — 3 50

Monologues et Récits, par Emile Boucher et Félix Galipaux, 1 vol. in-18 . . . . — 3 »

A côté de la Rampe, comédies et saynètes, par E. Romberg, 1 vol. gr. in-18 . . . . — 3 50

Nouveaux proverbes, par Tom-Bob, contenant *Le Page Vénitien, Après la Pluie le Beau Temps, Un Bijou n'est jamais perdu*, 1 vol. in-18 . . . . — 1 50

Théâtre bizarre. — Une Vocation. — L'Athlète. — Un Ménage Grec. — Trilogie fantaisiste, en vers, par R. Paiefroi, 1 joli vol. in-16 . . . . — 4 »

Théâtre à la Ville, comédies de cercles et de salons, par E. Ceillier, 1 vol. in-18. . . — 3 »

Théâtre de Campagne, par E. Legouvé, E. Labiche, H. Meilhac, E. Gondinet, etc., etc. Ont paru les séries 1 à 8. Chaque série forme un volume in-18 jésus. . . . . — 3 50

Les Mille et une Nuits du théâtre, par A. Vitu, (séries 1 à 5), chaque série formant 1 vol. gr. in-18. . . . . — 3 50

Théâtre d'Adolescents, par A. Carcassonne, 1 vol., gr. in-18. . . . . — 3 50

Théâtre de Jeunes Filles, par A. Carcassonne, 1 vol., gr. in-18 . . . . — 3 50

Imp. A. WARMONT, 22-24, Gal. d'Orléans, Paris

BIBLIOTHEQUE NATIONALE DE FRANCE

3 7531 03265807 3

www.ingramcontent.com/pod-product-compliance
Lightning Source LLC
LaVergne TN
LVHW051342200726

843510LV00002B/768